KB080478

## 글·그림 하진

서로의 마음을 공유하고 싶어 그림을 그리고 있는 최하진 작가입니다. 프랑스에서 디자인과 일러스트레이션을 공부하고,
프랑스 고티에 랑그로 출판사와 첫 번째 그림책《내 얼룩이 어디로 갔지?》를 출간해 많은 사랑을 받았습니다.
지금은 한국으로 돌아와《숲속의 어느 날》,《노란 줄무늬 고양이》등 그림책을 활발히 내며 활동을 이어가고 있습니다.

## 옮김 이정주

서울여자대학교와 같은 학교 대학원에서 불어불문학을 공부했습니다. 지금은 방송과 출판 분야에서 전문 번역가로 활동하며,
우리나라 어린이와 청소년에게 재미와 감동을 주는 프랑스책들을 직접 찾아 소개하기도 합니다. 옮긴 책으로는《나를 괴롭히는
아이가 있어요》,《엄마를 화나게 하는 10가지 방법》,《샌드위치 도둑》,《진짜 투명인간》,《얼굴이 빨개져도 괜찮아!》등이 있습니다.

## 내 얼룩이 어디로 갔지?

초판 1쇄 발행 2024년 4월 5일
글·그림 하진 | 옮긴이 이정주
발행처 (주)블루래빗 | 발행인 임재운 | 편집인 이순영
편집 강미진 | 디자인 이재원 | 제작책임 이정 | 제작진행 박정미
주소 서울특별시 강남구 논현로 144, 블루래빗 빌딩
홈페이지 www.brbooks.co.kr | 도서문의 1899-4146
신고번호 제2014-000176호 | 등록일자 2012년 1월 6일

Où sont mes taches? by Hajin Choi
Copyright © Hajin Choi, 2020
Korean translation copyrights © Blue Rabbit Publishing Co., Ltd., 2024
Korean translation copyrights are arranged with the author through AMO Agency Korea.

이 책의 한국어판 저작권은 AMO 에이전시를 통해 저작권자와 독점 계약한 (주)블루래빗에 있습니다.
저작권법에 의해 한국 내에서 보호를 받는 저작물이므로 무단 전재와 무단 복제를 금합니다.

* 교환 및 환불은 구입처에서만 가능합니다.
* 사용 중 발생한 파본은 교환 및 환불이 불가능합니다.

# 내 얼룩이 어디로 갔지?

하진 글·그림
이정주 옮김

블루래빗

아기 돼지 데데는 신나게 놀다가 낮잠이 들었어요.
잠에서 깬 데데는 깜짝 놀랐어요.
몸에 있던 얼룩이 몽땅 사라진 거예요!
"내 얼룩이 어디로 갔지? 누가 가져간 거야?"

데데는 얼룩소를 찾아갔어요.

"얼룩소야, 네가 내 얼룩 가져갔니?"

"음매, 아니. 나는 내 얼룩으로 충분한걸!"

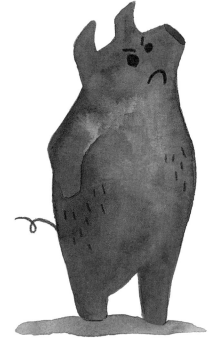

데데는 무당벌레에게 달려갔어요.
"무당벌레야, 네가 내 얼룩 가져갔니?"
"그럴 리가. 네 얼룩은 나한테 너무 커!"

데데는 얼룩 강아지네 집으로 갔어요.
"얘들아, 너희가 내 얼룩 가져갔니?"
"왈왈, 아니. 우리 얼룩만으로도 이미 너무 많아!"

데데는 공작새에게 한달음에 달려갔어요.
"공작새야, 네가 내 얼룩 가져갔니?"
"아니, 무슨 뚱딴지같은 소리야?
내 무늬는 훨씬 특별하다고!"

데데는 사슴을 찾아가 물었어요.

"사슴아, 네가 내 얼룩 가져갔니?"

"재미없는 얼룩 얘기는 그만하고, 나랑 놀자!"

데데는 꼼짝도 않는 판다에게 물었어요.
"판다야, 네가 내 얼룩 가져갔니?"
"하암, 나는 자느라 바쁜걸."

데데는 나무에 기어올라 표범을 만났어요.
"표범아, 네가 내 얼룩 가져갔니?"
"내가 왜? 내 얼룩은 이미 완벽한데."

데데는 저 높이 있는 기린을 소리쳐 불렀어요.
"기린아, 네가 내 얼룩 가져갔니?"
"어머머, 날 도둑으로 몰지 마! 기분 나빠!"

데데는 얼룩말에게 달려갔어요.

"얼룩말아, 네가 내 얼룩 가져갔니?"

"날 보렴. 얼룩무늬가 아니라 줄무늬란다. 훨씬 우아하지!"

결국 얼룩을 찾지 못한 데데는 씩씩거리며 집으로 돌아갔어요.

"엄마, 누가 내 얼룩을 가져갔는지 아무도 말해 주지 않아요."
"데데야, 네 얼룩은 누가 가져간 게 아니야."
"그러면요?"
"얼른 씻어 봐. 그럼 알게 될 거란다!"

"우아! 찾았다, 내 얼룩!"